Der Gott JHWH. Die Entwicklung von einem Wettergott hin zu einem monotheistischen Gottesbildes im Kontext des alten Orients

Alexander Grüder

Bibliografische Information der Deutschen Nationalbibliothek:

Die Deutsche Nationalbibliothek verzeichnet diese Publikation in der Deutschen Nationalbibliografie; detaillierte bibliografische Daten sind im Internet über http://dnb.d-nb.de abrufbar.

ISBN: 9783346876966
Dieses Buch ist auch als E-Book erhältlich.

© GRIN Publishing GmbH
Trappentreustraße 1
80339 München

Druck und Bindung: Books on Demand GmbH, Norderstedt Germany
Gedruckt auf säurefreiem Papier aus verantwortungsvollen Quellen

Das Buch bei GRIN: https://www.hausarbeiten.de/document/1359195

Westfälische Wilhelms-Universität Münster

Katholisch-Theologische Fakultät

Seminar für Exegese des Alten Testaments

Der Gott JHWH –
Die Entwicklung von einem Wettergott
hin zu einem monotheistischen
Gottesbildes im Kontext des Alten Orients

Hausarbeit im Hauptseminar

Inhalt

Einleitung

Der Gott Israels, der abrahamitische Gott, der Adonai - er ist das Fundament des jüdischen und christlichen sowie des islamischen Glaubens. Laut den biblischen Erzählungen ist er der Schöpfer des Universums, der Erde und aller Lebewesen, *ein* Gott, der die ganze Schöpfung in seinen Händen hält. Dieser Gott ist also von Beginn da und erschafft aus der creatio ex nihilo. Dass dies eine der grundlegendsten dogmatische Glaubensaussagen ist, kann wohl kaum bestritten werden. Jedoch ist es für die historisch-kritische Exegese von wichtiger Bedeutung zu klären, wo der Glaube an diesen Gott JWHW eigentlich herkommt und welche Einflüsse seine Entwicklung zu dem Gott beeinflusst haben könnten, wie wir ihn heute (be-)kennen!

In ersten Teil der Arbeit wird die Herkunft des JHWH Glaubens im Kontext des alten Orients betrachtet und untersucht. Immer wieder wird und wurde in der alttestamentlichen Exegese darüber diskutiert, ob JWHW eine Gottheit ist, die auf dem palästinensischen Gebiet entstanden ist, oder ob sie durch Einwanderer „importiert" und vielleicht angepasst wurde. Schwerpunktmäßig im 19. Jahrhundert erschienen zu diesem Thema mehrere wissenschaftliche Arbeiten.[1] Insofern ist nicht erstaunlich, dass es verschiedene wissenschaftlichen Thesen zur Thematik der Entstehung des JWHW-Glaubens Israels gibt, die sich jedoch jeweils auf verschiedene Quellen stützen. Zum einem auf biblisch-literarisch Aussagen und zum anderen auf archäologische Befunde, die nicht (immer) miteinander korrelieren. Deshalb werden in diesem Teil der Arbeit zunächst wichtige archäologische Befunde erhoben. Im zweiten Teil sollen die archäologischen Befunde mit biblischen Befunden verglichen werden. Im dritten Teil wird dem konkreten Hinweis nachgegangen, dass die Entwicklung des Gottes Israels durch verschiedene Wettergottheiten, besonders der des „Baal-Hadad-Typus", beeinflusst wurde. Im letzten Schritt wird im Kontext

---

[1] Vgl. Kató: Jhwh: der Wettergott, 2.

der Wettergott-These ein Blick auf die Entwicklung zum monotheistischen Gott geworfen.

1. Archäologische Befunde

1.1 Baal-Zyklus

Ein wichtiger archäologischer Fund sind die spätbronzezeitlichen Texte auf Tonscherben aus Ugarit/Ras-S⁼amra in den Jahren 1931/1932, welche nicht nur für die biblische Forschung eine unfassbare Bedeutung hatten, sondern für die Archäologie insgesamt. Zum ersten Mal wurde eine westsemitische Sprache in Keilschrift entziffert, welche zudem wichtige Belege über Riten, Mythen und Epen liefert. Außerdem werden Götternamen wie El, Baal und Aschera, die im AT erwähnt werden, mit diesen Texten belegt.[2] Es gibt hierbei Autoren, darunter Johannes C. de Moor, die die These vertreten, dass in den zerbrochenen Tonscherben des sogenannten Baal-Zyklus der Name JHWH in Bruchstücken „jw" herauszulesen sei. Damit stehe „jw" für JHWH den Gott der Apriu-Streiter.[3] Die Annahme, dass auf diesen Tonscherben mit der Signatur KTU 1.1 IV 14 der Name JHWH, wenn auch nur bruchstückhaft zu finden sei, ist jedoch sehr umstritten, da nur noch Fragmente vorhanden sind und die These somit zu spekulativ sei. Diese Annahme vertreten sowohl Bob Becking als auch Szabolcs-Ferencz Kató.[4] [5] Somit kann davon ausgegangen werden, dass der Baal-Zyklus keinen direkten Hinweis auf JHWH gibt. Allerdings kann der Fund indirekt einen Hinweis auf die Theologie geben, die die spätere JHWH-Verehrung beeinflusst hat; sie zeigt die religionsgeschichtliche Entwicklung. Denn der Baal-Zyklus hat das Hauptmotiv des Königtums der Götter; alle anderen Motive sind dabei untergeordnet.[6] Dabei ist jedoch zu beachten, „[...] daß es nicht allein um das Königtum Baals und nicht um die Entstehung, sondern um die permanente Wirkung des Königtums der Götter geht."[7] Das Königtum bzw. eine Königs-

---

[2] Vgl. ebd.
[3] Vgl. Becking: Jahwe/JHWH, 2.
[4] Vgl. Kató: Jwhw: der Wettergott, 2ff.
[5] Vgl. Becking: Jahwe/JHWH, 2.
[6] Vgl. Kratz: Der Mythos, 151.
[7] ebd.

ideologie ist auch aus dem späteren Israel und Judentum bekannt, in dem Gott JWHW der „wahre" König ist, der die irdischen Könige legitimiert.[8] Jedoch sieht auch Kratz im Baal-Zyklus keine direkte Vorlage für das Königtum in der Spätzeit Israels, zumal der Baal-Zyklus aus dem 14. Jh. v. Chr. stammt. Aber dennoch wurde die Kernaussage des Mythos weitertransportiert. So z. B. in den *JHWH malak*-Psalmen, den Thronbesteigungsliedern, sind Ähnlichkeiten erkennbar.[9] Kratz sieht, dass das Pantheon im Lauf einer religionsgeschichtlichen Entwicklung auf ein Minimum reduziert wurde. Meines Erachtens wurde in der späteren Entwicklung des Judentums bzw. eines JWHW-Kults das Pantheon durch das Volk ersetzt, wofür der Gott Israels kämpft. Der Götterkampf wird in die Realität gesetzt. Wenn das Volk kämpft, dann kämpft JWHW an ihrer Seite. Nicht umsonst bedeutet das Wort Israel *Gottesstreiter*.

Jedoch ist nicht außer Acht zu lassen, dass sehr wohl im Alten Testament JHWH über einen himmlischen Thronrat verfügt, so z. B. in Ps 82, in dem Gott als oberster Richter zu einem Prozess gegen die anderen Götter aufruft, da sie die Frevler begünstigt haben. Damit „[...] haben [sie] sich ihrer Verantwortung für Recht und Gerechtigkeit in der Menschenwelt entzogen und ihre Teilhabe an der göttlichen Funktion, Garant für das Recht auf Erden zu sein, missbraucht."[10] Sehr bekannt ist die Szene des Zusammenkommens des Thronrats in Hi 1,6 bei dem über die Prüfung Hiobs beraten wird.

Desweiteren ist eine Charaktergleichung zwischen dem auf dem Zyklus benannten Gott El und JHWH zu erkennen, sowie zwischen JHWH und Baal. Diese Überlegungen möchte ich allerdings im Punkt 1.3 aufgreifen.

1.2 Ebla

Ebla war eine antike Stadt im Norden vom heutigen Syrien, ca. 70 km südwestlich von Aleppo entfernt. Auch hier suchten Archäologen nach

[8] Vgl. Becking: Jahwe/JHWH, 11.
[9] Vgl. Kratz: Der Mythos, 152.
[10] Neef: Götterrat, 1.

Hinweisen auf JWHW im 2. Jahrtausend v. Chr.[11] Dabei stießen diese Forscher in den Jahren 1974 bis 1976 auf Tontafeln aus dem Zentralarchiv der Könige von Ebla.[12] Entziffert wurden die 16 500 bis 20 000 Tontafeln und Tontafelfragmente unteranderem von G. Pettinato, der die Entstehung des Funds auf 2500 v. Chr. ansetzt.[13] Bei dem Fund fiel eine größere Anzahl von Personennamen auf, die mit dem Keilschriftzeichen NI endeten.[14] Pettinatio plädierte in diesem Zusammenhang dafür, die Endung mit dem Lautwert já aufzulösen.[15] Damit sei NI in manchen eblatischen Texten eine „Verniedlichung" oder eine „Kosename" für JWHW.[16] Diese These wurde schnell widerlegt. Bei NI besteht kein Bezug zu JHWH, sondern es wurde nachgewiesen, „[...] dass NI eine Kurzbeschreibung für NI.NI = ì-lí ‚mein Gott' ist und [...] [sich] ‚auf die im ganzen Vorderen Orient verbreitete persönliche Gottheit' bezieht."[17] Damit lässt sich in diesem Fund kein Bezug zu JHWH finden. Der „persönliche Bezug" zu einer Gottheit stellt sich allerdings als interessant heraus. Es sei die Frage erlaubt, inwieweit diese gängige orientalische Praxis später Einfluss auf den JWHW-Glauben Einfluss genommen hat.

1.3 Ältester Beleg für JHWH – Soleb und Amara West

Das bislang älteste und einzige Zeugnis aus der Spätbronzezeit über den Namen JHWH stammt aus Ägypten und wurde in Tempeln aus dem 14. und 13. Jh. v. Chr. gefunden. Bei den Funden handelt es sich um wahrscheinlich zusammenhängende Fremdnamenlisten aus Soleb und Amara-West, „die zahlreiche Gebiete und Orte außerhalb Ägyptens inventarisieren."[18]

Dabei stammt das älteste Exemplar aus der Hypostyl Halle des Tempels Amneophis III. in Soleb (1370 v. Chr.). Der Tempel von Soleb ist das

---

[11] Vgl. Müller: Die Texte, 11.
[12] Vgl. ebd.
[13] Vgl. ebd.
[14] Vgl. ebd.
[15] Vgl. Kató: Jhwh: der Wettergott, 3.
[16] Vgl. ebd.
[17] ebd.
[18] Leuenberger: Jhwhs Herkunft, 4.

größte ägyptische Heiligtum südlich von Theben.[19] In dem Heiligtum sind die eben erwähnten „Fremdnamenlisten" oder „Fremdvölker-namenslisten" auf 24 Säulen[20] zu finden und zeigen in zwei Serien afrikanische und asiatische Namen.[21] In der asiatischen Auflistung wird auf Säule IV N 4 α in der Nordost Ecke an zweiter Stelle JWHW und seine Größe erwähnt: *tȝ šȝ św w jj h wȝ w = tȝ šȝśw yhwȝ*: „*Jhw(h) im Land der S˘ asu(nomaden)* "[22] Zudem gibt es eine weitere Parallelformulierung auf einem weiteren Felsblock aus Soleb (II 69), bei der jedoch das w weggebrochen ist, es sich aber gut rekonstruieren lässt.[23] Leuenberger erwähnt in seiner Ausführung, dass diese Inschrift leider kontextlos erscheint und damit nicht eingeordnet werden kann.[24]

In *der Hypostyl Halle des Tempels von Rames II.* in Amara West existiert ein weiteres, ähnliches, aber hundert Jahre jüngeres Relikt. Hierbei lautet die Formulierung: *tȝ šȝ św w jj h ỉr ȝ* exakt gleich wie in Soleb, allerdings ist *ỉr* ein Anschreibfehler zu erkennen.[25] Ob der Text in Amara West vom Text in Soleb abhängig ist, lässt sich nicht eindeutig klären, jedoch sprechen viele Umstände, wie der geringe zeitliche Abstand, wie auch die geringe geographische Distanz dafür.[26]

Leuenberger betrachtet es als unstrittig, dass ywh3 mit dem hebräischen Tetragramm yhwh identifiziert werden kann.[27] Dabei ist ywh3 in diesen Texten ein Toponym, dass vermutlich eine Gegend im Ostjordanland bezeichnet, woraus sich später ein Gottesname abgeleitet hat.[28] Bob Becking sieht diese These biblisch bestätigt, da JWHW nach einzelnen biblischen Aussagen aus dem Gebiet Edom stammt, wie z. B. in Ri 5,4 beschrieben wird.[29] In seinem Lexikonartikel schreibt Becking weiter: „In einer Liste Ramses II. aus *Medinet Habu* (XXVII 115) ist der

---

[19] Vgl. Budka: Präsenz, 37.
[20] Vgl. ebd., 40.
[21] Vgl. Leuenberger: Jhwhs Herkunft, 5.
[22] Vgl. ebd., 4.
[23] Vgl. ebd., 5.
[24] Vgl. ebd.
[25] Vgl. ebd.
[26] Vgl. ebd.
[27] Vgl. ebd.
[28] Vgl. Becking: Jahwe/JHWH
[29] Vgl. ebd.

Name *Jahu* in unmittelbarer Nachbarschaft des Namens *r 'w 'r* (ägyptische Schreibung: *r 'w 'l*) „Rehuel" belegt, der an Reguël, Moses Schwiegervater, erinnert. Es ist aber unklar, ob *Jahu* in dieser Liste auf eine Gottheit verweist."[30] So wird an dieser Stelle deutlich, dass der bislang älteste direkte Hinweis auf JHWH, der aus der Spätbronzezeit existiert, schon jetzt eine Verbindung zu (s)einem Volk herstellt. Zudem ist die Benennung des Nomadenvolkes der *Schasu* von nicht unwichtiger Rolle, „auch wenn hierzu bislang aufgrund der unsicheren Lokalisierung der übrigen *Schasu*-Namen und des ungeklärten Anordnungsprinzips der drei bzw. sechs Namen nur Vermutungen möglich sind."[31] Das Wort *Schasu* ist eine ägyptische Bezeichnung für die Halbnomaden und bedeutet so viel wie „durchwandern, durchschreiten".[32] Liegt in diesem ägyptischen Wort vielleicht eine Verbindung zur Exodus-Tradition vor? Von Anhaltspunkten für Charakterisierung der Gottheit ist man an diesem Zeitpunkt noch weit entfernt.

1.4 Mescha-Stele

Bis zum Auffinden der der Fremdvölkerlisten in Soleb und Amara West galt die Mescha-Stele als der älteste Nachweis für den Gottes-namen JHWH. Mescha war ein moabitischer König der in der Mitte des 9. Jahrhunderts v. Chr.[33] regierte. Im Jahr 1868 wurde sie durch den Missionar F. Klein in Diban, dem biblischen Dibon entdeckt.[34] Die Stele besteht aus schwarzem Basalt und ist 1,10 m hoch und 60-68 cm breit.[35] Durch Einheimische, die nach dem Auffinden in der Stele Gold vermuteten und sie deshalb ins Feuer legten, wurde sie in mehrere Einzelstücke zerbrochen.[36] Eine Rekonstruktion war aufgrund eines vorher angefertigten Abklatsches möglich.[37]

---

[30] Ebd.
[31] Vgl. Leuenberger: Jhwhs Herkunft, 7.
[32] Vgl. Lukas: Wer ist der.
[33] Vgl. Wagner: Mescha, 1.
[34] Vgl. ebd.
[35] Vgl. ebd.
[36] Vgl. ebd., 2.
[37] Vgl. ebd.

Durch diese Rekonstruktion wurden die 34 Zeilen der Inschrift in moabitischer Sprache wieder lesbar. Bei dieser Inschrift handelt es sich um eine königliche Bauinschrift, die anlässlich der Einweihung des Kemosch-Heiligtums in Qericho angefertigt und aufgestellt wurde.[38] In der Inschrift werden die Taten Meschas gegen das Haus Omri, welches über vier Generationen hinweg über Israel herrschte, glorifiziert und auf das Wirken des höchsten Gottes Kemosch's zurückgeführt.[39] Die Inschrift enthält eine der ersten Erwähnungen Israels und nennt zudem den Gott Israels JHWH in Form des Tetragramms.[40] Mit Hilfe des Gottes Kemosch wird Mescha Israel und seinen Gott JHWH wieder los.

„Und Kemosch sprach zu mir: Geh, nimm Nebo (im Kampf) gegen Israel. Da [15]zog ich bei Nacht los und kämpfte gegen es von Tagesanbruch bis Mittag. Und ich[16]nahm es ein und tötete alles: 7000 Männer,Klienten, Frauen, [Klien]tinnen [17]und Sklavinnen, denn ich hatte es dem Aschtar-Kemosch (durch Bann) geweiht. Und ich nahm von dort die [Gerät]e (?) [18]Jahwes und schleppte sie vor Kemosch."

Das Land Moab wird zwar zuvor schon in ägyptischen Fremd- völkerlisten erwähnt, ist aber erst mit Entdeckung der Mescha-Stele als politische Größe erfassbar. Für Israel ist die Niederlage gegen Mescha ein Zeichen für Machtverlust nach dem Tod Ahabs und dem Verlust seiner besonderen Stellung in der syro-palästinischen Staatenwelt.[41] Im Kontext der Frage nach der Herkunft des Gottes JHWH ist die Mescha-Stele der erste Beleg für die Verbindung zwischen JHWH und dem Nordstaat Israel unter der Omriedendynastie. Interessant außerdem ist die Beobachtung von Becking, der darauf hinweist, dass Kultgeräte und keine Statuen von JHWH geraubt wurden, dies könnte auf die Bildlosigkeit der JHWH-Verehrung im *Ostjordanland* hindeuten.[42]

2. Biblische Befunde zur Herkunft JHWH's

2.1 Offenbarung im brennenden Dornbusch

In der Frage nach der Herkunft und dem Auftreten des Gottesnamens JHWH ist Ex 3 eine wichtige biblische Quelle; stellt sich doch der Gott Israel hier Mose und dem Volk Israel mit seinem Namen vor. Mose

[38] Vgl. ebd.
[39] Vgl. ebd.
[40] Vgl. ebd., 1.
[41] Vgl. ebd., 6.
[42] Vgl. Becking: JWHW, 3.

begegnet JWHW auf dem Sinai/Horeb im brennenden Dornbusch, indem er sich dort als der „Ich bin, der ich bin" (Ex 3,14) offenbart. Hier gibt es allerdings verschiedene Übersetzungsvariationen des Verbums *haja, „sein"*. „Der Name würde dann, der Seiende', ,der Da-Seiende', der ,ins Dasein Bringende' oder ähnlich bedeuten."[43] Daraus ergibt sich auch die öfters gehörte Übersetzung „Ich bin der, ich bin da.". Für die hebräische Bibel markiert diese Szene den Anfang der JWHW-Verehrung.

Wie in 1.1.3 erläutert wurde findet sich auf den Fremdvölkerlisten in Soleb und Amara West die Inschrift yhw3, die zugleich ein Toponym für eine Gegend im Ostjordanland darstellt. Zwar ist es kein Beweis, aber doch ein deutlicher Hinweis auf den Ursprungsort des JHWH-Glaubens. Der Ort ist in der alttestamentlichen Exegese heute sehr breit akzeptiert ist.[44] Die These, dass der Gott JWHW aus dem Ostjordanland „einwanderte" unterstützt auch Becking: „Meiner Meinung nach war Jahwe ein Gott einer Einwanderergruppe aus dem südlichen Ostjordanland."[45] Wo der Berg Horeb und die Region Sinai jedoch genau zu verorten sind, lässt sich heute nicht mehr ganz rekonstruieren. Das macht die hier vorgestellte Szene als Quelle für die Herkunft JWHW's schwierig. Deshalb ist es auch unklar, ob die überlieferte Tradition auf historischen Fakten beruht.[46]

2.2 JWHW ein Edomitischer Gott

Mit u. a. der Textstelle Ri 5,4 – 5 wird gängig die These begründet, dass JHWH ursprünglich aus dem Süden kommt, nämlich aus dem Land der Edomiter. In dem wohl ältesten biblischen Gedicht kommt JHWH von Seir und Edom den Israeliten außerhalb von Palästina zur Hilfe. So ist dort zu lesen:

> *„HERR, als du auszogst aus Seïr, / als du vom Grünland Edoms heranschrittest, / da bebte die Erde, die Himmel ergossen sich, / ja, aus den Wolken ergoss sich das Wasser. 5 Die Berge flossen vor dem HERRN, dem vom Sinai, / vor dem HERRN, dem Gott Israels."*

[43] Frevel: Der Gott JHWH, 2.
[44] Vgl. Lukas: Wer ist der.
[45] Vgl. Becking: Jahwe, 6.
[46] Vgl. ebd., 5f.

Bernhard Lang sieht in dieser Passage des Gedichts einen Hinweis auf
die Heimat JHWH's und eine Angabe über seine Funktion.[47] Die
„Wohnung" des Gottes JHWH befindet sich in der Bergregion Seir von
Edom. Zudem weist der/die Verfasser*in in der Textpassage auf eine
wesentliche Charaktereigenschaft JHWH's hin: JHWH lässt es regnen!
Damit übernimmt er die Funktion eines Wettergottes. Auf diese
Eigenschaft soll jedoch im folgenden dritten Kapitel eingegangen
werden. Die Herkunft JHWH's aus dem Land Edom wird durch die
archäologischen Befunde aus Soleb und Amara West untermauert, denn
die ältesten Belege für JHWH deuten mit der Benennung der Sasu
Nomaden auf einen südpalästinischen Ursprung im Bereich Edoms und
der Araba hin.[48]

2.3 El-Schaddai

Bevor sich JWHW als dieser „Ich bin, der ich bin" offenbart, spricht er
zu Abraham, Issak und Jakob als *El*-Schadai, als *Gott* der
Allmächtige(?) z. B. in Gen 17,1 oder Gen 28,3 und betont dies in Ex
6,3 gegenüber Mose. Die Bedeutung von Schadai ist bis heute nicht
befriedigend geklärt.[49] Übersetzungsschwierigkeiten des Wortes
Schadai, existierten schon in der LXX, die es mit παντοκράτωρ
übersetzte und die Vulgata mit omnipotens.[50] Die Christliche Deutung
machte daraus vereinfachend „Allmächtiger Gott".[51] Ein Grund dafür
ist, dass die außerbiblischen Zeugnisse zu Schaddaj äußerst strittig sind
und wenig Anhaltspunkte geben.[52] Da die Bedeutung des Wortes nicht
eindeutig geklärt ist, lässt sich also auch nicht feststellen, ob Gott sich
zunächst nur mit einem Titel den Menschen offenbart hat. Darüber
hinaus ist festzuhalten, dass der „[…] Gebrauch von Schaddaj in den
jüngeren Texten […] sich zumeist mit dem Interesse künstlicher
Archaisierung [verbindet]."[53] Es gehört also zum Offenbarungs-

---

[47] Vgl. Lang: Jahwe, 218.
[48] Vgl. Leuenberger: Jhwhs, 7.
[49] Vgl. Pfeiffer: Gottesbezeichnungen, 9.
[50] Vgl. ebd., 10.
[51] Vgl. ebd.
[52] Vgl. ebd.,9.
[53] Ebd., 10.

konzept der Priesterschrift, dass Gott sich zunächst den Erzvätern als El Schaddaj zu erkennen gibt.[54]

Die biblischen Befunde sind sehr vielfältig, dennoch ist es eine offene Frage, warum das Offenbarungskonzept der Priesterschrift, JHWH erst bei Mose einführt und Gott sich hier als dieser zu erkennen gibt. Gibt es doch (religions-)geschichtliche Hintergründe, die die biblischen Erzählungen aufarbeiten? Existierte vorher ein „undefinierbarer" Gott, der später als JHWH „benannt" wurde? Inwiefern hat die umliegende Götterwelt den Gott JWHW in seiner „Entstehung" beeinflusst? Diese Fragen ergeben sich, wenn die biblischen Befunde historisch-kritisch betrachtet werden.

3. JWHW ein Wettergott des Baal-Typus?

3.1 Kongruenzen zwischen JHWH und Wettergott des Baal-Hadad-Typus

In Punkt 1.1 hatte ich eine Charaktergleichung zwischen JHWH und den Göttern El und Baal angedeutet, welche im Kontext des Baal-Zyklus steht. In diesem Zusammenhang ist der Hinweis von Christian Frevel relevant, der die Herkunft des Wortes Jahwe im Alt-nordarabischen verortet, denn das Verb *haja* kann mit „Er fährt durch die Lüfte, er weht"[55] übersetzt werden. Frevel sieht, ähnlich wie Julius Wellhausen in dieser Namensgebung ein Zeugnis für einen antiken Wettergott des „Baal-Hadad-Typus", welcher in der Bibel jedoch weitestgehend vergessen wurde.[56] Die in Ex 3,14 angesprochene Offenbarung JHWH´s als „Ich bin, der ich bin." und ihre Übersetzungsvariationen des Verbums „sein" sieht Frevel als „[...] literarisch volkstümliche, die für die Ableitung des Namens JHWH nicht weiterhilft."[57] Die volkstümliche Etymologie von JHWH als „Ich bin, der ich bin" zeigt auf, wie viel Mühe man sich gegeben hat, um diesen Gott JHWH von dem Gott Baal abzusetzen.[58] In verschiedenen

---

[54] Vgl. ebd.
[55] Vgl. Frevel: Der Gott JHWH, 2.
[56] Vgl. ebd.
[57] Vgl. ebd.
[58] Vgl. ebd.

Untersuchungen wurden mehr Gemeinsamkeiten zwischen Baal und JHWH gefunden als zunächst gedacht. So besitzt z. B. JHWH in Ps 29 und Ex 15 Macht über das Meer, welche mit vielen Eigenschaften des Baals korrespondieren, jedoch wird gleichzeitig keine Antipolemik gegen Baal aufgeführt.[59] Daraus schließt Kloos, die die aufgeführten Passagen analysiert hat, dass es sich bei JHWH um einen israelitischen Baal gehandelt und nicht er nicht nur bloß die Charaktereigenschaften des Baals übernommen hat.[60] Dies würde die Überlappungen zwischen JHWH und Baal erklären, die z. B. beim Baal-Zyklus zu finden sind.[61]

Baal hat folgende Eigenschaften: Er besitzt einen Gottesberg, auf dem durch El ein Palast errichtet wird (siehe 1.1), er kämpft gegen Chaos und Gewalt, er errichtet ein Königtum, indem er der Erhalter und Ernährer von Göttern und Menschen ist und er ist für die schöpferische Lebenserhaltung zuständig in dem er Regen und Tau spendet.[62] Mich erinnern diese Charaktereigenschaften (Berg, Kampf gegen das Chaos, Königtum und Schöpfer) schon sehr an die des biblischen JHWH´s. Konkret lässt sich die Annahme an folgenden biblischen Belegen manifestieren: JWHW wird mit dem Zion bzw. dem Zaphon verbunden (Ps 48,3), er besitzt wie Baal den Wolkenfahrertitel (Dtn 33,26; Ps 104,3) und er erscheint als Spender von Regen und Fruchtbarkeit (u.a. Jer 10,13 = 51,16; 14,22; 31,12; Hos 2,10).[63] Die aufgezählten „Baalzüge", sind an dieser Stelle Indizien für einen möglichen Synkretismus.[64] Grätz ergänzt, dass es nicht nur Ähnlichkeiten in der Theophanie, sondern auch in den Strafvorstellungen gibt.[65] Diese äußern sich in der Providenz und in dem aggressiven Auftreten JHWH´s, der das Land mit Zerstörung bedroht.[66] Hier gibt es etliche alttestamentliche Erzählungen, die landläufig bekannt sein sollten, besonders die Sintflut-Erzählung. All diese Beobachtungen geben den

[59] Vgl. Kató: Jwhw., 14.
[60] Vgl. ebd.
[61] Vgl. ebd.
[62] Vgl. Grätz: Baal, 4.
[63] Vgl. Kató: Jhwh, 14.
[64] Vgl. ebd.
[65] Vgl. ebd.
[66] Vgl. ebd.

Anlass darüber nachzudenken, ob JHWH zunächst über ein wetter-gottähnliches Profil mit baal-ähnlichen Zügen verfügte. Diese These wird in der Exegese heute mehrheitlich vertreten. Grätz schreibt dazu:

> „JHWH und Baal sind ebenso wie der aramäische Hadad unterschiedliche Manifestationen eines verbreiteten ursprünglichen Wettergotttypus mit einem entsprechenden, je und je ausgeprägten Inventar an Motiven – Wechselwirkungen im Verlauf des 1. Jt.s ausdrücklich eingeschlossen. Damit ist JHWH kein Baal, sondern eine eigene Gottheit, die im 1. Jt. v. Chr. ihren Aufstieg in der israelitisch-judäischen Religion gemacht hat."[67]

3.2 Norden oder Süden? – Die Streitfrage

Es gibt allerdings auch Exeget*innen, die dieser These widersprechen und JHWH eher in die Nähe eines Wettergottes des südlichen Typus zu ordnen, etwa dem Qos oder dem Athtars, dessen Zuständigkeit die Wüste sei.[68] Argumentiert wird hier mit der Tatsache, wie sie schon im zweiten Kapitel ausgeführt wurde, dass viele Theophanietexte (Ri 5,4 – 5; Dtn 33,2; Hab 3,3.7) JHWH im Süden verorten aus der Gegend der Edomiter in dessen Raum Qos verehrt.[69] Zudem sei ein Fruchtbarkeits-gott des Baal-Typus in einer Wüstenregion eher unangebracht.[70]

Wie bereits vorhin aufgeführt, sind die biblischen Quellen, die einige Exeget*innen für die Verortung heranziehen, historisch-kritisch zu betrachten. Hier ist der Einwand von Frevel anzuführen, der die Theophanietexte kritisch anfragt. Die biblischen Texte betonen sehr stark, die Herkunft aus dem Süden und nicht aus dem Norden. Diese Überbetonung, die ein „Beweis" dafür sein soll, dass JHWH nicht aus dem Norden kommt, sondern aus dem Süden, „[…] könnte das Bemühen spiegeln, in Juda die Herkunft Jahwes aus dem Norden, nämlich dem Nordstaat Israel, zu überdecken."[71] Diese Frage lässt sich nach der derzeitigen Faktenlage nicht hinreichend beurteilen. Es gibt viele Hinweise, die für den „Baal-Hada-Typus" sprechen, unter-anderem der archäologische Befund der Mescha-Stele, die JHWH im Kontext des Nordreiches benennt oder der Fund des Baal-Zyklus in

---

[67] Grätz: Baal, 16.
[68] Vgl. Kató: Jhwh, 15.
[69] Vgl. ebd., 16.
[70] Vgl. ebd.
[71] Vgl. Frevel: Der Gott JHWH, 3.

Ugarit/Ras-S˘amra. Als Gegenargument kann an dieser Stelle jedoch festgestellt werden, dass die ägyptischen Fremdvölkerlisten von Soleb und Amara West eher für die Südtheorie sprechen. Meiner Ansicht nach ist es möglich, dass für JHWH vermutlich mehrere Charaktereigenschaften übernommen wurden. Nun besteht allerdings die Frage, wie JHWH zu **dem** Nationalgott Israels werden konnte. Bevor diesem Gedanken nachgegangen wird sollte an dieser Stelle erwähnt werden, dass JHWH auch Züge des Gottes El aufweist, allerdings würde es den Rahmen der Arbeit weit überschreiten, hierauf näher einzugehen.

3.3 JHWH – Ein Wettergott wird zum Nationalgott

Das Wettergottprofil JWHWs gliedert sich sehr gut in die allgemeine „religionsphänomenologische Großwetterlage der Spätbronze- und Eisen I-Zeit ein, in der Wetter- und Kriegsgottheiten des *westsemitischen Hadad-Ba`al-Typus'* und des *südsemitischen Seth-Ba`al-Typus'* prominent hervortreten"[72]. Der Wettergott des Seth-Ba`al-Typus wurde in dieser Arbeit nicht weiterverfolgt. An dieser Stelle sollte erwähnt werden, dass der kanaanäische Wettergott Baal in Südpalästina mit dem ägyptischen Gott Seth, einem gewalttätigen Gott der Fremde, eine Verbindung einging und dadurch eine Akzentverschiebung hin zum Kriegsgott erfuhr.[73]

Die Unterscheidung Wettergottheit und Sonnengottheit spielt in der Entwicklung zum Monotheismus eine tragende Rolle. Denn der Wettergott ist nicht für das Sonnenlicht verantwortlich, auch wenn der Sonnenschein aus heutiger Sicht ein Wetterphänomen darstellt. Der salomonische Haupttempel in Jerusalem war vermutlich zunächst dies: Ein Tempel für die Sonnengottheit. Hierfür sprechen die Ost-West-Ausrichtung des Tempels und z. B. in 1 Kön 8,12 f. angedeutete Konflikte zwischen der Sonnengottheit und JWHW.[74] In 1 Kön 8,12 f. übernimmt JHWH den leeren Thron. Einen leeren Thron hatten verschiedene Sonnengottheiten in 11. und 10. Jh. v. Chr. sowohl in

---

[72] Leuenberger: Jwhw als, 38.
[73] Vgl. Keel: Sturmgott, 83.
[74] Vgl. Keel: Sturmgott, 86.

Ägypten als auch im vorderasiatischen Raum.[75] Die Übernahme des leeren Throns und damit auch von Eigenschaften der Sonnengottheit sind nicht nur auf JHWH zu übertragen. In der spätbronzezeitlichen Levante ist „mehrfach eine Annäherung bzw. Kooperation der beiden Hauptgötter zu beobachten „[…] deshalb trifft es zu, dass die Solarisierung Jhwhs Teil eines (zumindest) gemeinlevantinischen Prozesses ist […]."[76] In der Zeit des Königs David wird JWHW zur Dynastiegottheit und Hauptbewohner des Tempels.[77] Dabei übernimmt er Funktionen und Eigenschaften der Sonnengottheit, wie z. B. die des Rechtes und der Gerechtigkeit, welche aus der Zuverlässigkeit des Sonnenaufgangs abgeleitet wurden.[78] Für das Gottesbild in der Zeit des Königs Davids zwei sehr wichtige Attribute.

JWHW verband nun Sonnen- und Wettergottheit in einem Wesen, allerdings war er noch nicht der Einzige Gott. Hauptkonkurrent JHWHs war vermutlich Baal, denn die Propheten Elija und Elischa initiierten eine „Jahwe-und-nicht-Baal-Bewegung", bei der es darum ging sich für JHWH zu entscheiden (vgl. 1 Kön 18 f.)[79]. Von weiterer zentraler Bedeutung in der Entwicklung ist der Untergang des Nordreiches 722 v. Chr., denn hierdurch wurden JWHW-Vorstellungen, wie sie im Buch Hosea zu finden sind, nach Jerusalem transportiert.[80] Hosea kritisiert die Baal-Verehrung und den Abfall von JWHW. Im Buch werden mehrere Metaphern verwendet, die JWHW als den wahren und einzigen Gott herausstellen. Besonders durch die „Ehemetapher betont Hosea den Ausschließlich-keitsanspruch JHWHs, was aber gleichzeitig bedeutet, dass JHWH im Alltag viele Funktionen von anderen Göttern übernehmen und ausüben soll."[81] Die Bindung JWHWs zu seinem Volk wird enger, jedoch nimmt er Züge eines assyrischen Großkönigs an, der seinen Bund durch Strafen aufrechterhält (Dtn 28,15 – 68).[82] Im

---

[75] Vgl. ebd.
[76] Leuenberger: Jhwh als, 42.
[77] Vgl. Keel: Sturmgott, 87.
[78] Vgl. ebd.
[79] Vgl. ebd., 88.
[80] Vgl. ebd.
[81] Vgl. Kató: Jhwh, 142.
[82] Vgl. Keel: Sturmgott 89.

babylonischen Exil verschärften sich dann die Überlegungen zu einem einzigen Gott und fanden ihren Höhepunkt. In Jes 40 – 55 findet sich dann die erste klare monotheistische Formel.[83]

Fazit

Die Ausgangsthese, die dieser Arbeit zu Grunde gelegt wurde, lautete: „Der Gott JHWH – Die Entwicklung von einem Wettergott hin zu einem monotheistischen Gottesbild im altorientalischen Kontext". In mehreren Schritten hat sich der Einfluss des alten Orients und der umgebenden Religionen gezeigt. Dabei wurde die lange Geschichte, die der Gott JHWH mit seinem auserwählten Volk Israel zurückgelegt hat, deutlich. Nach biblischer Verkündigung ist er dabei ein Gott, der zwar seinem Volk sehr nahe ist und einen Bund eingeht und sich kommunikativ zeigt, aber gleichzeitig auch immer rätselhaft bleibt und den Menschen Fragen aufwirft. Die religionsgeschichtliche Herkunft des Gottes JWHW bleibt in der Tat rätselhaft. Nach der hier nur ausschnittweisen Betrachtung sind zwar archäologische Spuren und Bezüge zu finden, aber keine konkreten Hinweise, die einen wirklichen Aufschluss liefern. Wie bereits dargelegt, sind die Fremdvölkerlisten aus Soleb und Amara West sowie die Mescha-Stele die *eindeutigsten* Hinweise auf den Gott JHWH. Dabei sind beide Funde sowohl geographisch als auch zeitlich stark voneinander getrennt. Das lässt die spannende Frage offen, ob JHWH aus dem Süden oder dem Norden stammt. Beide Theorien haben ihre berechtigten Argumente! Dabei unterstützen die biblischen Erzählungen die Süd-Theorie, wobei der Einwand Frevels, dass dies ein politisches Kalkül sei, um die wahre Herkunft JHWHs zu verschleiern, plausibel erscheint. Zudem können biblische Texte nicht (immer) kontextlos als Zeitzeugnisse in betrachten werden, sondern sie müssen einer historisch-kritischen Analyse standhalten. Allerdings zeigen die biblischen Zeugnisse Züge eines Gottesbildes auf, welches im altorientalischen Kontext der Spätbronzezeit weitverbreitet war: Nämlich die eines Wettergottes. Für die Nordtheorie sprechen nach der in dieser Arbeit zusammen-

---

[83] Vgl. ebd.

getragenen Erkenntnisse noch weitere Fakten, wie z. B. der archäologische Fund des Baal-Zyklus aus Ugarit/Ras-S˘amra. Er gibt zwar keinen direkten Hinweis auf JHWH, aber er zeichnet doch ein konkretes Bild von Baal und seinem Götter-Königtum ab. Der Fund gibt Hinweise auf die religionsgeschichtliche Entwicklung, die das spätere Gottesbild von JWHW beeinflusst hat. Baal und JHWH sind beide, wie es Grätz ausdrückte „Manifestationen", eines weitverbreiteten Wettergotttypus. Die Lage von Ugarit im Norden vom heutigen Syrien würde somit die Herkunft JWHW's aus dem Norden stützen.

In der vorgestellten These zur Entwicklung von einer Wettergottheit und seiner Solarisierung bis zum Nationalgott könnte außerdem ein weiteres Indiz für die Herkunft aus dem Norden liegen, da JHWH mit dem Untergang des Nordreiches 722 v. Chr. nach Jerusalem gelangte.

Aufgrund der hier dargelegten Fakten, Indizien und Argumente, die aber jedoch nur einen kleinen Ausschnitt darstellen, halte ich die Herkunft JHWH's aus dem Norden für sehr wahrscheinlich.

Literaturverzeichnis

- Becking, Bob: Jahwe / JHWH (2006), in: WiBiLex, URL: http://www.bibelwissenschaft.de/stichwort/22127/ (Stand 13.07.2022).
- Budka, Julia: Präsenz in Nubien – der Tempel Soleb, in: Kemet, Nr. 4 (2003), S. 37 – 42.
- Frevel, Christian: Der Gott JHWH und der Exodus, Wo und wann lernt Israel seinen Gott kennen?, in: WUB, URL: https://www.weltundumweltderbibel.de/fileadmin/verein/Dokumente/ Welt_und_Umwelt/2019_03_downloads_wub_chr.frevel.pdf (Stand: 01.08.2022).
- Grätz, Sebastian: Baal (2006), in: WiBiLex, URL: http://www.bibelwissenschaft.de/stichwort/14309/ (Stand 16.07.2022).
- Kató, Szabols-Ferencz Der Wettergott Hoseas? Der ursprüngliche „Charakter" Jhwhs ausgehend vom Hoseabuch, Göttingen 2019.
- Keel, Othmar: Sturmgott – Sonnengott – Einziger. Ein neuer Versuch, die Entstehung des judäischen Monotheismus historisch zu verstehen, in: BiKi Bd. 49 (1994), S. 82 – 94.
- Kratz, Reinhard Gregor: Der Mythos vom Königtum Gottes in Kanaan und Israel. In: Zeitschrift für Theologie und Kirche Vol. 2003 No. 2 (2003), S. 147 – 162.
- Lang, Bernhard: JAHWE der biblische Gott. Ein Porträt, München 2002.
- Leuenberger, Martin: Jhwhs Herkunft aus dem Süden. Archäologische Befunde, biblische Überlieferungen, historische Korrelationen, in: ZAW 122. Bd., (2010) S. 1 – 19.
- Lukas, Simone: JHWH: Wer ist der „Ich bin, der ich bin"? Historiker und Religionswissenschaftler versuchen JHWH, dem geheimnisvollen Gott im brennenden Dornbusch, mit moderner Quellenforschung und historisch-kritischer Bibelexegese auf die Spur zu kommen. Ihre Ergebnisse überraschen – und können erschüttern, in: CIG 71. Jahrgang, Nr. 22/2019 (2019) URL: https://www.herder.de/cig/cig-ausgaben/archiv/2019/22-2019/wer-ist-der-ich-bin-der-ich-bin/ (Stand: 01.09.2022).

- Müller, Hans-Peter: Die Texte aus Ebla. Eine Herausforderung an die alttestamentliche Wissenschaft, in: BZ N.F.24 (1980), 2, S. 161 – 179.
- Neef, Heinz-Dieter: Götterrat (2007), in: WiBiLex URL: https://www.bibelwissenschaft.de/stichwort/19748/ (Stand: 01.09.2022).
- Pfeiffer, Henrik: Gottesbezeichnungen (2007), in: WiBiLex URL: https://www.bibelwissenschaft.de/stichwort/19928/ (Stand 01.09.2022).
- Wagner, Thomas: Mescha / Mescha-Stele (2006), in: WiBiLex, URL: http://www.bibelwissenschaft.de/stichwort/27025/ (Stand 16.05.2022).

BEI GRIN MACHT SICH IHR
WISSEN BEZAHLT

- Wir veröffentlichen Ihre Hausarbeit,
  Bachelor- und Masterarbeit

- Ihr eigenes eBook und Buch -
  weltweit in allen wichtigen Shops

- Verdienen Sie an jedem Verkauf

Jetzt bei www.GRIN.com hochladen
und kostenlos publizieren

Ingram Content Group UK Ltd.
Milton Keynes UK
UKHW010655050623
422889UK00005B/702